I

2019

Titolo | Carcere e capitale: il ruolo del politico e
dell'economico alle origini dell'istituzione carceraria
Autore | Francesco Biondi

ISBN | 978-88-31645-59-1

Youcanprint
Via Marco Biagi 6, 73100 Lecce
www.youcanprint.it
info@youcanprint.it

Francesco Biondi

Carcere e capitale
Il ruolo del politico e dell'economico
alle origini dell'istituzione carceraria

Youcanprint

Indice

Perché punire?

L'azione punitiva su quali presupposti fonda le sue ragioni? Se il "potere" crea diritto, è esso stesso un presupposto dell'azione punitiva? Perché punire attraverso un sistema segregativo? Da queste domande nasce l'idea di approfondire le origini delle istituzioni segreganti e quindi di comprendere e ricostruire brevemente il percorso che ha reso il carcere l'istituzione segregante per eccellenza.

La riflessione sul presupposto punitivo è proposito che sin dai riformatori illuministi ha trovato ampio spazio di trattazione in letteratura giuridica, quant'anche nel senso comune. Quel che però resta utile riproporre, o quanto meno, in parte, rielaborare, è l'evoluzione del sistema carcerario sotto un profilo politico. Attualmente, infatti, sembra essere stato ormai abbandonato ogni tentativo di critica alla costruzione delle istituzioni quali emanazioni di un sistema produttivo dominante.

La prospettiva politica che ci si pone è quindi quella di analizzare l'istituzione in esame non attraverso gli strumenti di un sempre invocato profilo umanitario, che vede nell'istituzione la limitazione ai diritti "naturali" dell'uomo, quanto piuttosto nel senso di interpretare il capitalismo quale forza punitrice in grado di generare forme politiche e istituzionali necessarie per garantirsi controllo e sopravvivenza.

Il tentativo è quello di colmare una mancanza nel dibattito odierno, innanzitutto in quello delle nuove generazioni. Infatti, se da un lato sembra *in fieri* la formazione di un nuovo umanesimo animato da un sano civismo fondato sui "diritti civili", sui temi dello sfruttamento delle risorse ambientali e sulla libertà di circolazione dei popoli, dall'altro la critica mossa appare piuttosto flebile, limitata all'idea di antropocene, che sintetizza nell'essere umano la "colpa" della situazione attuale.

La verità è siamo in questa situazione per colpa dell'essere umano inserito in un sistema che non va.

Capitolo primo

Istituti per la segregazione e sviluppo del capitalismo

L'emergere di un particolare modo di produzione, il suo assurgere a forma dominante e il suo essere successivamente sostituito, scandisce la storia della società e ne caratterizza i processi fondamentali[1].

Fu sulle macerie del mondo feudale che il capitale nacque e incrementò sé stesso, "penetrando nelle campagne e cacciando le prime schiere del futuro proletariato industriale nelle città"[2], attraverso le *enclosures of commons*[3] (recinzioni delle terre comuni), come descritto già nel 1516 da Tommaso Moro[4]. Ma ancor prima della grande cacciata dei contadini dalle terre, verificatasi in Inghilterra nei secoli XV e XVI, le ragioni, che sottesero alla fuga verso la città delle masse contadine, sono state ravvisate – secondo la classica tesi del Dobb[5] – nella inefficienza del modo di produzione feudale, ossia nella sempre maggiore pesantezza del carico di lavoro che gravava sui

---

[1] D. GARLAND, *Pena e società moderna*, Milano, Il Saggiatore, 1999, p.130.

[2] D. MELOSSI-M. PAVARINI, *Carcere e fabbrica: alle origini del sistema penitenziario (XVI-XIX secolo)*, Bologna, il Mulino, 1982, p. 32.

[3] K. MARX, *Il Capitale*, Roma, Editori Riuniti, 1970, I, 3, p. 183.

[4] In particolare, scriveva Moro: "… i nobili e i signori… cingono ogni terra di stecconate ad uso di pascolo, senza nulla lasciare alla coltivazione". T. MORO, *L'Utopia o la migliore forma di Repubblica*, Bari, Laterza Ed., 1971, p. 42.

[5] M. DOBB, *Problemi di storia del capitalismo*, Roma, Editori Riuniti, 1972, p. 263.

contadini, i quali trovarono, come prima forma di espressione di lotta di classe, proprio la fuga verso le città.

Le città, già polo d'attrazione economica, in particolare commerciale, cominciarono a popolarsi di migliaia di questi lavoratori espropriati, divenuti ben presto mendicanti, vagabondi, talvolta briganti, in generale masse disoccupate[6]. La reazione del potere statale, a questo fenomeno sociale di notevoli proporzioni, è stata ben descritta da Marx:

> Non era possibile che gli uomini scacciati dalla terra per lo scioglimento dei seguiti feudali e per l'espropriazione violenta e a scatti, divenuti eslege, fossero assorbiti dalla manifattura al suo nascere con la stessa rapidità con la quale quel proletariato veniva messo al mondo. D'altra parte, neppure quegli uomini lanciati all'improvviso fuori dall'orbita abituale della loro vita potevano adattarsi con altrettanta rapidità alla disciplina della nuova situazione.
>
> Si trasformarono così, in massa, in mendicanti, briganti, vagabondi, in parte per inclinazione, ma nella maggior parte dei casi sotto la pressione delle circostanze. Alla fine del secolo XV e durante tutto il secolo XVI si ha perciò in tutta l'Europa occidentale una legislazione sanguinaria contro il vagabondaggio. I padri dell'attuale classe operaia furono puniti, in un primo tempo, per la trasformazione in vagabondi e in miserabili che

---

> avevano subito. La legislazione li trattò come delinquenti «volontari» e partì dal presupposto che dipendesse dalla loro buona volontà il continuare a lavorare o meno nelle antiche condizioni non più esistenti[7].

Si venne così alla creazione di un severo diritto penale e all'ampliamento della gamma delle punizioni corporali nei confronti della criminalità di massa: più dilagava il processo di pauperizzazione, più le pene diventavano severe. Se fino al quindicesimo secolo la pena di morte e le mutilazioni gravi erano utilizzate solo in chiave sostitutiva delle pene pecuniarie, durante il sedicesimo secolo divennero le sanzioni dominanti: la condanna a morte e le pene corporali – eseguite pubblicamente per aumentarne il valore deterrente ma soprattutto per il piacere che lo spettacolo del supplizio destava tra il pubblico – venivano applicate sulla base della mera pericolosità sociale dell'imputato[8]. Anche la pena dell'esilio equivaleva, per le classi inferiori, a una condanna a morte in un luogo diverso dalla patria d'origine[9].

---

[7] MARX, *Il Capitale...* cit., pp. 192-193.

[8] Sullo stesso tema, cfr. C. CARLUCCIO, *Regime penitenziario ex art. 41bis ord. penit. e salvaguardia dei diritti dell'uomo*, on-line a: https://tesi.luiss.it/18720, p. 37 ss.

[9] G. RUSCHE-O. KIRCHHEIMAR, *Punishment and Social Structure (Pena e struttura sociale)*, trad. it. di D. MELOSSI-M. PAVARINI, Bologna, Il Mulino, 1978, p. 58 ss. Quest'opera rappresenta il primo esempio di teoria della pena neomarxista e fa parte di quel filone che punta l'analisi maggiormente sui fattori economici, piuttosto che su quelli culturali e politici. I due studiosi francofortesi, nella loro opera, ripercorrono la storia delle modalità punitive dal Medioevo fino alla metà del XX secolo tracciando, così, un quadro nel quale si evidenziano le relazioni che intercorrono tra le forme penali e specifiche situazioni sociali.

Verso la fine del sedicesimo secolo, i metodi punitivi cominciarono a subire un lento cambiamento. La possibilità di sfruttare una massa di ricchezza a completa disposizione dell'amministrazione, costituì un fattore determinante per l'introduzione, accanto alle pene tradizionali, come la deportazione (ossia il trasporto dei condannati nelle colonie e nei distaccamenti militari più lontani), di altre forme di lavoro forzato. Tali mutamenti, quindi, non furono certo soltanto il risultato di diverse scelte di politica criminale, ma come hanno scritto molto chiaramente gli autori Rusche e Kirchheimar:

> La trasformazione nei moduli punitivi non si può spiegare solo sulla base delle trasformazioni nei bisogni della lotta contro il delitto.
>
> Ogni modo di produzione tende a scoprire delle forme punitive che corrispondono ai propri rapporti di produzione[10].

Se, infatti, nel periodo tra il XV sec. e la prima metà del XVI alla legislazione terroristica dello Stato corrispose uno stato di grande offerta di lavoro sul mercato, verso il '600 l'offerta si ridusse e il capitale nascente ebbe bisogno dell'intervento dello Stato per continuare a garantirsi il massimo grado di estrazione di plusvalore[11].

La prigione moderna affonda

---

[10] RUSCHE-KIRCHHEIMAR, *Pena...* cit., p. 46.
[11] MELOSSI-PAVARINI, *Carcere...* cit., p. 36. Sullo stesso tema, cfr. DOBB, *Problemi...* cit., p. 274 ss.

quindi le sue radici alla fine dell'epoca del mercantilismo, in uno scenario particolare, contraddistinto dalla scarsità dell'offerta di manodopera e da politiche sociali focalizzate sull'utilizzo e lo sfruttamento di ogni forza umana disponibile[12].

Fu dunque nel periodo mercantilista che furono introdotte le prime, seppur rudimentali, forme di pena detentiva[13].Le "case di correzione" – definite "contenitori indifferenziati per diverse categorie di emarginati"[14], ossia per tutta quella forza lavoro che lo Stato poteva meglio controllare, che comprendeva sia persone che esercitavano professioni illegali, quali ladri e prostitute, sia soggetti sottoposti all'assistenza della pubblica autorità, come vedove, folli e orfani – costituivano essenzialmente luoghi di addestramento forzato per un periodo di tempo arbitrariamente fissato dagli amministratori, in cui si produceva un utile a disposizione dello Stato e si educavano al lavoro le masse che li popolavano, in modo tale che nel futuro si mettessero volontariamente a disposizione del mercato[15].

---

[12] RUSCHE-KIRCHHEIMAR, *Pena...* cit., p. 143.

[13] *Ivi*, p. 133. Gli autori affermano che "di tutte le motivazioni che contribuirono a rafforzare l'idea del carcere come pena, la più importante fu senz'altro quella del profitto, sia nel senso più limitato di rendere produttiva la stessa istituzione, che in quello generale di trasformare l'intero sistema penale in una parte del programma mercantilistico dello Stato".

[14] Così L. DAGA, voce *Sistemi penitenziari* (*dir. proc. pen.*), in *Enc. dir.*, vol. XLII, Milano, Giuffrè, 1990, p. 752 ss.

[15] RUSCHE-KIRCHHEIMAR, *Pena...*cit., p. 95 ss. Viene *ivi* sottolineato che "l'essenza della casa di correzione stava nel fatto che essa combinava in sé i principi ispiratori della casa per poveri, della casa di lavoro e dell'istituzione penale, unificati nello scopo fondamentale di rendere socialmente utile una forza lavoro ribelle". L'apice

La prima istituzione finalizzata a liberare la città da mendicanti e vagabondi fu probabilmente quella di *Bridewell* a Londra, risalente al 1555. Il lavoro era in gran parte nel ramo tessile, come l'epoca richiedeva e l'esperimento dovette essere coronato da successo se con un atto successivo del 1576, si stabilì che istituzioni di questo tipo, chiamate indifferentemente *house of correction* o *bridewells*, venissero erette in ogni contea. Esse dovevano servire sia per fornire il lavoro ai disoccupati, sia per costringere al lavoro chi vi si rifiutava[16].

È necessario sottolineare, al fine di chiarire meglio il concetto di "rifiuto del lavoro", che tra il '300 e il '500 una serie di statuti disponevano massimi salariali oltre i quali non era lecito andare (penalmente sanzionati); non era possibile alcuna contrattazione delle condizioni di lavoro, men che mai collettiva; così che in sostanza vi era l'obbligo per il lavoratore di accettare la prima offerta di lavoro che ricevesse[17].

È inoltre opportuno chiarire che, come notava Marx nel passo citato, offerta e domanda di lavoro non procedettero certo di pari passo, soprattutto in questo periodo "originario" del capitalismo. Nella seconda metà del '500, nonostante l'offerta di lavoro

---

dei nuovi sviluppi, come di seguito meglio si vedrà, fu raggiunto in Olanda, la quale, alla fine del Sedicesimo secolo, possedeva il sistema capitalistico più sviluppato d'Europa, le cui istituzioni vennero studiate e riproposte in tutta Europa. Molte città superarono lo schema tipico della casa di correzione: in Francia, ad esempio, negli *Hôpitaux généraux* si arrivarono ad ospitare anche vedove ed orfani.

[16] MELOSSI-PAVARINI, *Carcere...* cit., p. 34.

[17] Cfr. F. F. PIVEN-R. A. CLOWARD, *Regulating the Poor*, London, Tavistock, 1972.

continuò a crescere non fu in grado, alle condizioni volute, di soddisfare la domanda. Il lavoro forzato venne quindi utilizzato come il calmiere rispetto al prezzo del lavoro sul libero mercato per evitare un aumento del livello salariale[18].

Nell'analisi della creazione del capitale, o meglio della formazione del proletariato[19], che qui maggiormente ci interessa, è ancora da notare – seguendo l'analisi marxista[20] – che questo proletariato di recentissima formazione, fu assai restio ad entrare in un mondo del lavoro che gli era assolutamente estraneo. Il fenomeno è stato ben descritto da F. Piven e R. A. Cloward:

> Allevati al lavoro sotto la disciplina del sole e delle stagioni, per quanto questa disciplina possa essere severa, essi resistono alla disciplina della fabbrica e della macchina, che, se non più dura, tale appare perché estranea. Il processo di adattamento umano a queste trasformazioni economiche ha comportato, in genere, lunghi periodi di disoccupazione di massa, malessere e disorganizzazione[21].

Del resto, il problema dell'adeguamento delle "forze subalterne" ai nuovi mezzi di produzione resta dibattito sempre attuale in ogni epoca ed è stato analizzato anche da Gramsci con riferimento al fenome-

---

[18] MELOSSI-PAVARINI, *Carcere...* cit., p. 36.

[19] Cfr. DOBB, *Problemi...* cit., in particolare i capitoli centrali su *La nascita del capitale industriale*, *L'accumulazione capitalistica e il mercantilismo* e soprattutto *Formazione del proletariato*.

[20] MARX, *Il Capitale...* cit., p. 33.

[21] PIVEN-CLOWARD, *Regulating...* cit., p. 6.

no dello sviluppo industriale e capitalistico statunitense, favorito, nei primi decenni del Novecento dalla razionalizzazione scientifica e organizzazione del lavoro promossa dall'ingegnere americano Taylor e perfezionata negli anni Trenta dal produttore di automobili Henry Ford. Gramsci, in particolare, analizzava il "passaggio dal vecchio individualismo economico all'economia programmatica" sotto la pressione della caduta tendenziale del saggio di profitto.

Nel ragionamento di Gramsci si riproponeva la funzione centrale assolta dalla critica marxiana dell'economia politica. Il passaggio alla razionalizzazione della produzione incontra resistenze sia nella classe operaia sia in parte delle classi dominanti o, usando le parole di Gramsci, nelle "forze subalterne, che dovrebbero essere manipolate e razionalizzate" come anche in "alcuni settori delle forze dominanti"[22].

Ad ogni modo, dato essenziale della nostra analisi resta, in questa fase, il lavoro forzato svolto nelle *house of correction* del periodo elisabettiano. Ciò che prioritariamente osserviamo è che questo tipo d'istituzione fu il primo esempio di detenzione non a fini di mera custodia e che i tratti caratterizzanti dell'istituto – categorie destinatarie dell'istituzione, funzione sociale e organizzazione interna – furono tendenzialmente gli stessi di quelli del classico modello carcerario ottocentesco[23].

---

[22] A. GRAMSCI, *Quaderni dal carcere*, Torino, Einaudi, 1977, vol. III, Q. 22, p. 2139.

[23] MELOSSI-PAVARINI, *Carcere...*cit., p. 37.

Capitolo secondo

L'apprendimento della disciplina della produzione

Fu in Olanda, "la nazione capitalistica modello del secolo XVII"[24], che l'istituzione delle case di lavoro raggiunse, in queste prime fasi del capitalismo, la sua forma più sviluppata.

Le ragioni di questo sviluppo non sono tanto da ravvedersi in scelte riformiste dei legislatori, quanto piuttosto nel diverso e maggiore grado di avanzamento del capitalismo in Olanda. Sembra, infatti, non esservi alcun collegamento diretto tra le anteriori esperienze inglesi (*bridewells*) con quelle olandesi del XVII sec. In particolare, è da notare che l'impetuoso sviluppo dei traffici incrementò la domanda di lavoro su di un mercato che non aveva certo la stessa abbondante offerta dell'Inghilterra[25]e in un momento di generale crisi demografica europea[26].

Secondo la tesi di Rusche e Kirchheimar[27], il nascente capitalismo olandese per evitare di trovarsi di fronte a maggiori costi del lavoro – ossia ad un aumento dei salari – e che, negli equilibri di lotta di classe, il proletariato potesse assumere potere contrattuale, cambiò i propri moduli punitivi tentando di

---

[24] MARX, *Il Capitale*...cit., p. 211.
[25] MELOSSI-PAVARINI, *Carcere...* cit., p. 37.
[26] RUSCHE-KIRCHHEIMAR, *Pena...* cit., p. 42.
[27] *Ibidem.*

sprecare la minor quota possibile di forza-lavoro, di controllarla e di regolarne l'uso.

Tale visione, per quanto condivisibile, sembra però non esaurire la complessa tematica delle *workhouses*. Infatti, sulla scorta di quanto già visto in Inghilterra e volendo estendere il discorso alla categoria del "generale", è doveroso precisare che esse non furono l'unico strumento per contenere il livello dei salari e controllare la forza-lavoro, né l'unico scopo cui la casa lavoro fu deputata.

Nella realtà, la relativa esiguità quantitativa che ha sempre contraddistinto queste esperienze, induce a considerale "più come una spia del livello generale della lotta di classe che come un fattore influenzante di quest'ultimo"[28]. Sembra quindi più persuasiva l'idea di inserire la funzione delle case di lavoro nel più ampio intento del capitale di controllo della forza-lavoro, dell'educazione e dell'ammaestramento di questa. È necessario riprendere il passo già citato di Marx[29], per riconfermarci che l'intento delle case di lavoro fu l'apprendimento "della disciplina della nuova situazione", cioè della trasformazione dell'ex-lavoratore agricolo cacciato dalla campagna in operaio, allineato alle prerogative del nuovo modo di produzione.

Il *Rasphuis* di Amsterdam, aperto nel 1596 e destinato a mendicanti, vagabondi, ladri e giovani

---

28 MELOSSI-PAVARINI, *Carcere...* cit., p. 38.
29 V. sopra, pp. 4-5.

malfattori[30], ad avviso di Foucault, avrebbe storicamente rappresentato "il legame tra la teoria, caratteristica del secolo Sedicesimo, di una trasformazione pedagogica e spirituale degli individui, per mezzo di un esercizio continuo, e le tecniche penitenziarie ideate nella seconda metà del secolo Diciottesimo"[31]. Quindi, per Foucault, il carcere, traeva i suoi modelli nelle case di correzione, che avevano alla base gli stessi principi espressi dai riformatori, ossia, la correzione e la riforma del criminale. Foucault, però in seguito[32], notò come il carcere rappresentò, di fatto, un modello in parte differente da quello proposto dai riformisti perché se questi miravano alla correzione del criminale "dall'esterno", mediante idee, insegnamenti e qualunque altra forma di persuasione, la prigione si impossessa materialmente del corpo del criminale e lo "tratta", lo modella tramite un rigido addestramento che, come fine ultimo, ha quello di arrivare alla sua anima. La prigione, quindi, persegue i fini teorizzati dai riformatori ma attraverso mezzi diversi.

L'istituzione olandese era su base cellulare, ma in ogni cella stavano diversi internati. Il lavoro obbligatorio e salariato veniva svolto in cella o nel grande cortile centrale secondo la stagione, costituiva l'elemento principale su cui si basava il funzionamen-

---

[30] Nel periodo in cui la casa venne aperta, si calcolò che vi erano ad Amsterdam, cioè in una città di 100.000 abitanti, circa 3.500 giovani delinquenti. T. SELLIN, *Pioneering in Penology*, Philadelphia, University of Pennsylvania Press, 1944, p. 41.
[31] M. FOUCAULT, *Surveiller et punir. Naissance de la prison* (*Sorvegliare e punire. Nascita della prigione*), trad. it. di A. TARCHETTI, Torino, Einaudi, 1976, p. 131.
[32] *Ivi*, p. 177.

to dell'istituto[33]. Si trattava di un'applicazione del modello produttivo allora dominante: la manifattura. Attraverso l'occupazione e tutta una serie di elementi (durata della pena determinata in relazione alla condotta del condannato, impiego utile del tempo attraverso un sistema di divieti, obblighi, esortazioni e letture spirituali, nonché sorveglianza continua), si mirava ad ottenere la correzione del detenuto durante e dopo la detenzione[34]. La casa di lavoro olandese venne conosciuta col termine *Rasp-huis*, che derivava dall'attività lavorativa lì principalmente svolta, ossia grattugiare il legno per farne una polvere da cui i tintori avrebbero poi ricavato il pigmento che serviva per tingere i filati[35].

Il lavoro si diceva particolarmente adatto per gli oziosi ed i pigri e ciò era anche il motivo per cui si giustificava la scelta del metodo di lavorazione più faticoso[36]. A ben vedere però anche in questo caso la

---

[33] Al riguardo si evidenzia che il principio del lavoro costituiva il fulcro del funzionamento anche della più recente casa di forza di Gand (in Belgio), sul presupposto che la causa principale della criminalità fosse determinata dall'ozio e l'impiego coatto avrebbe rigenerato nel soggetto pigro l'interesse per il lavoro. La prigione fiamminga, risalente al 1771, si ispirava all'architettura del San Michele di Roma, riformatorio per giovani delinquenti, finito di costruire nel 1704 per iniziativa di Papa Clemente XI, su progetto di Carlo Fontana. Per quanto riguarda, invece, la prigione pontificia, come ha sottolineato DAGA, *Sistemi penitenziari...* cit., p. 752 ss., essa "costituisce la prima realizzazione del principio di coincidenza tra forma edilizia e ipotesi trattamentale". L'autore sostiene che proprio a Roma nasce il primo carcere costruito per servire da prigione, ossia le "Carceri nuove" o "Innocenziane", dal nome del Pontefice Innocenzo X che le ha fatte edificare, su progetto di Antonio Del Grande, tra il 1652 e il 1655. Cfr. anche P. PORTOGHESI, *Roma barocca: Consumo di un linguaggio*, vol. II, Roma-Bari, Editori Laterza, 1973 e C. L. MORICHINI, *Degl'istituti di pubblica carità ed istruzione primaria e delle prigioni in Roma*, vol. II, Roma, Tipografia Marini e Compagno, 1842.

[34] FOUCAULT, *Sorvegliare...* cit., p. 131 ss.

[35] MELOSSI-PAVARINI, *Carcere...* cit., pp. 40-41.

[36] *Ibidem.*

scelta che sottese questo metodo di lavorazione risiedette nelle ragioni del capitale. È stato osservato[37], che tale scelta fosse dipesa, in prima analisi, dalla possibilità di ottenere massimi profitti con il minimo investimento di capitale, ma persistette anche un'altra motivazione di carattere ideologico. Infatti, si riteneva che, attraverso la pratica monotona e pesantissima del *rasping*, la forza-lavoro senza abilità proveniente dalle campagne potesse meglio apprendere la disciplina della produzione. Quindi, attraverso il comportamento regolato e la sottomissione all'autorità, ci si preparava a condurre in seguito "una vita di laboriosa onestà"[38]. Ciò si collegava con la visione tipica del calvinismo della giovane repubblica olandese, che era indirizzata innanzitutto ad imporre – prima nelle case di correzione, poi, in generale, dentro la manifattura – la *weltanschauung* borghese-calvinista e successivamente lo sfruttamento e l'estrazione del plusvalore.

Per utilizzare le parole di Marx[39], si volle assicurare "la soppressione di un mondo intero d'impulsi e di disposizioni produttive" dell'operaio, per valorizzare solo quella infinitesima parte dell'individuo che era utile al processo lavorativo capitalista. Questa fu la funzione assegnata dalla borghesia calvinista del XVII sec. alla casa di lavoro, che venne ad essere più tardi la funzione dell'istituzione carceraria.

---

[37] MELOSSI-PAVARINI, *Carcere...* cit., p. 42.
[38] SELLIN, *Pioneering...* cit., p. 63.
[39] MARX, *Il Capitale...* cit., I, 2, pp. 60-61.

Capitolo terzo

Carcere e religione: i penitenziari dell'Europa continentale

Nel '500 in Francia, nelle Fiandre, in Germania la repressione del vagabondaggio si accompagnò ad una repressione altrettanto feroce delle masse occupate; vennero infatti colpite in modo severissimo – si ricorse spesso alla pena della *galera* – l'associazione, lo sciopero e l'abbandono del posto di lavoro[40].

In questi paesi "il vagabondaggio" raggiunse le medesime notevoli proporzioni di quanto già visto nell'Inghilterra del periodo elisabettiano e medesime furono anche le reazioni, ossia il moltiplicarsi delle case di correzione[41].

È pur vero però che, di fronte a questa situazione, una delle prime reazioni fu la sostituzione del vecchio sistema di carità privata e religiosa con un'assistenza pubblica e coordinata dallo Stato.

Al riguardo, osserviamo che le politiche tenute nei confronti dei mendicanti e dei poveri possono essere meglio comprese se vengono poste in relazione all'assistenza da un lato e al diritto penale dall'altro;

---

[40] MELOSSI-PAVARINI, *Carcere...* cit., pp. 46-47.
[41] È interessante sottolineare che, nella sola Parigi, i vagabondi raggiunsero un terzo del totale della popolazione. *Ivi*, p. 47.

soffermandoci sul trattamento dei poveri, vediamo come esso mutò in connessione con i mutamenti della struttura sociale.

Max Weber osserva che nel mondo medioevale l'etica non solo tollerava l'elemosina, ma in realtà la innalzava a dignità negli Ordini mendicanti, dignità che spesso veniva attribuita anche a comuni mendichi non religiosi, poiché essi offrivano ai possidenti l'opportunità di compiere delle buone opere. Naturalmente la Chiesa prevedeva una forma di povertà volontaria, ma era difficile distinguere nettamente tra povertà volontaria e involontaria; vi era posto sia per il povero che viveva di elemosina, sia per il potente, il quale viveva della rendita delle sue proprietà e poteva così adempiere ai propri obblighi di buon cristiano giustificandosi agli occhi di Dio con il compiere buone azioni[42]. La cura dei poveri veniva considerata compito della Chiesa, che in questo modo giustificava la proprietà accumulata come la proprietà del povero, del malato, del vecchio.

Tutto il problema del rapporto tra lavoro e povertà subì un completo cambiamento nel corso del sedicesimo secolo, quando, come si è visto, le condizioni di vita delle classi inferiori si deteriorarono sensibilmente. L'atteggiamento borghese nei confronti del lavoro e dei poveri si differenziò nettamente da quello della classe dirigente feudale.

---

[42] Cfr. M. WEBER, *L'etica protestante e lo spirito del capitalismo*, Milano, BUR Biblioteca Univ. Rizzoli, 1991.

La dottrina tomistica della necessità del lavoro come condizione indispensabile e naturale della vita significava che l'uomo ha il dovere di lavorare quel tanto che è richiesto per la sopravvivenza dell'individuo e della società[43]: il lavoro non era elemento fondamentale dell'esistenza e neppure qualcosa di particolarmente desiderabile, ma semplicemente qualcosa di necessitato.

Si trattava di una concezione corrispondente al carattere statico della società medioevale; per il potente signore feudale, che viveva del lavoro degli altri o della guerra, la necessità di lavorare per vivere rappresentava una calamità paragonabile solo alle difficoltà di un proletario obbligato al lavoro e tuttavia consapevole del fatto che la sua fatica non lo avrebbe mai promosso ad una più alta posizione sociale[44].

Fu il borghese, invece, che riuscì a divenire prospero con il suo operare industrioso e sebbene sia assai dubbio se il suo cammino verso la ricchezza e il potere possa essere in qualche modo paragonato al lavoro richiesto ad un appartenente alla classe inferiore, la sua attività, secondo le idee allora correnti sul merito individuale, venne apprezzata e glorificata come lavoro.

Fu così che la ricchezza perse il marchio del peccato e che l'idea della generosità volontaria nei riguardi dei poveri non ebbe più alcun significato come mezzo assolutorio.

---

[43] WEBER, *L'etica protestante…* cit., p. 268
[44] Cfr. RUSCHE-KIRCHHEIMAR, *Pena…* cit., pp. 38-41.

Non erano le buone azioni che giustificavano la vita del buon borghese, ma la sua esistenza quotidiana: il suo comportamento, il suo successo. Certo, non tutti potevano avere le stesse capacità, ma chiunque onestamente si mettesse al lavoro era in grado di guadagnarsi "il pane quotidiano".

Il tipico argomento del ricco, che i poveri sono troppo pigri per lavorare in un mondo in cui vi è abbondanza di possibilità di lavoro, trovò uno strenuo difensore in Lutero[45]:

> L'unica necessità è di far sì che il povero non muoia di fame o di freddo dopodiché nessuno dovrebbe vivere del lavoro di un altro; nessuno che desideri di essere povero dovrebbe diventare ricco ma chiunque desideri la ricchezza ha solo da lavorare duramente[46].

Nel cambio di paradigma verso una carità pubblica, fu quindi notevole l'influenza di Lutero, il quale, interprete e diffusore delle nuove idee sulla carità – dicendo assai chiaramente che la mendicità doveva essere abolita – elaborò un dettagliato schema di assistenza pubblica, utilizzato da Carlo V in tutto l'impero.

Provvedimenti analoghi furono presi anche nei paesi cattolici, come la Francia, in particolare nella città di Lione, centro di commerci e di traffici, che

---

[45] Come è stato osservato, con la Riforma "povertà significa punizione", diviene il segno della punizione divina. Cfr. M. FOUCAULT, *Storia della follia*, Milano, Rizzoli, 1963, pp. 91-92.

[46] M. LUTERO, *Scritti politici*, Torino, UTET, 1949, pp. 196-197.

nella prima metà del sedicesimo secolo, raddoppiò la sua popolazione[47]. In seguito alle continue agitazioni dei poveri, tra il 1529 e il 1531, si previde un'organica e centralizzata politica di assistenza, due anni dopo estesa a tutta la Francia, con decreto di Francesco I.

Da quanto sin qui detto, sembra emergere che l'odierno sistema di *welfare state*, affondi le sue radici, più che in una visione progressista e solidale della società, nella "reazione", nel mantenimento dell'ordine costituito. È stato osservato che:

> La realizzazione del *welfare state* non ha significato in nessuna società occidentale modificazioni strutturali radicali rispetto al funzionamento del sistema in quanto capitalistico, né rispetto a una redistribuzione della ricchezza e delle risorse[48].

È quindi determinate, nell'azione dei "governi", soprattutto nei momenti di consolidamento o di crisi, organizzare e mantenere il consenso attraverso misure di *welfare state*, ovvero, in una lettura più ampia, ne consegue che il capitale quando è debole o indebolito necessita del sostegno dello Stato per affermarsi o per sopravvivere.

In contemporanea a tali misure, sempre a Lione, venne a crearsi la figura francese della *workhouse*, ossia l'*Hôpital*, dove prevalse il principio

---

[47] In PIVEN-CLOWARD, *Regulating...* cit., p. 11.

[48] L. BALBO, *Riparliamo del welfare state: la società assistenziale, la società dei servizi, la società della crisi*, in: "Inchiesta", n. 46-47, 1980, p. 53.

dell'internamento su quello del lavoro, a differenza che nei paesi riformati. La generalizzazione dell'istituto, in Francia, avvenne solo nella seconda metà del secolo seguente, con notevole ritardo, quindi, rispetto alle esperienze olandesi e tedesche-settentrionali. Tale ritardo, se da un lato, è da ravvisarsi, nel diverso e più lento sviluppo capitalistico francese, dall'altro è spiegabile con la diversa impostazione della società determinata dal contesto cattolico francese. Infatti, non è per nulla trascurabile il fatto che in Olanda e in Germania la religione protestante ed in particolare il calvinismo, fornirono una visione del mondo e della vita basate sull'etica del lavoro, tipica di quella "religiosità capitalista", anima delle prime istituzioni segreganti[49].

In particolare, nelle esperienze dei paesi riformati, si volle costituire "una naturale e spontanea tendenza del lavoratore ad assoggettarsi alla disciplina della fabbrica"[50]. Tale controllo si mosse lungo due linee direttrici: l'interiorità dell'individuo (e della famiglia) e l'istituzione segregante[51]. Questo concetto è stato ben espresso da Marx, in uno scritto giovanile:

> Lutero, invero, vinse la servitù per "devozione" sostituendovi la servitù per "convinzione". Egli ha spezzato la fede nell'autorità, restaurando l'autorità della fede. Egli ha liberato l'uomo dalla reli-

---

[49] MELOSSI-PAVARINI, *Carcere...* cit., pp. 47-48.

[50] *Ivi*, p. 50.

[51] Su questo tema, cfr. D. MELOSSI, *Criminologia e marxismo: alle origini della questione penale nella società de 'Il Capitale'*, in: "La Questione criminale", n. 2, 1975, p. 319.

> giosità esteriore, facendo della religiosità l'interiorità dell'uomo. Egli ha svincolato il corpo dalle catene, incatenandone il cuore... Non si tratta più della lotta del laico contro il prete, ossia contro qualcosa di esterno, bensì contro il suo proprio prete interiore, contro la sua natura pretesca[52].

Ne consegue che quando Lutero parlava di Dio, in realtà si riferisse al capitale: "Infatti Dio ha disposto che gli inferiori, i sudditi, fossero del tutto isolati, separati fra loro, e ha tolto loro la spada, e li ha gettati in carcere"[53]. La lotta per la libertà di coscienza e di religione, la lettura "personale" dei testi sacri, il rapporto diretto tra l'uomo e la divinità furono trasformazioni profonde nella coscienza collettiva e soprattutto individuale che tendono a "interiorizzare" l'autorità e la violenza.

Funzionalmente a questo processo venne dato straordinario risalto agli strumenti educativi: *in primis*, la famiglia – la classica famiglia patriarcale borghese. Per Lutero e Calvino "Dio, padre e signore" erano la triade perfetta[54], ma accanto a questi, c'erano altre istituzioni, prime fra tutte le case di correzione: da un lato luoghi di produzione, dall'altro strumenti educativi di tipo paterno.

Fu proprio quest'ultimo, in fondo, il fine vero delle case di correzione: preparare gli uomini – in

---

[52] K. Marx, *Critica della filosofia del diritto di Hegel. Introduzione*, in *Scritti politici giovanili*, Torino, Einaudi, 1950, p. 404.

[53] Lutero, *Scritti...* cit., p. 566.

[54] Sul tema, cfr. H. Marcuse, *L'autorità e la famiglia*, Torino, Einaudi, 1970.

particolare i poveri, i proletari – ad accettare un ordine ed una disciplina che li facesse docili strumento dello sfruttamento. Non si poteva correre, infatti, il rischio dell'avvento di una nuova solidarietà che rompesse l'isolamento delle classi subalterne. Esse non solo dovevano imparare i nuovi valori, ma dovevano essere convinte[55], la spada non poteva essere usata con la moltitudine, bisognava agire sul singolo individuo e isolarlo, ossia privarlo di relazioni. Perché, come ha affermato Toni Negri, rifacendosi alla concezione di soggettività spinoziana:

> Qualsiasi elemento di auto-coscienza è secondario rispetto al lavoro della moltitudine, al prodotto delle relazioni fra singolarità... dunque, il soggetto viene definito attraverso la sua relazione all'insieme, il che vuol dire che il soggetto non ha sussistenza se non nella relazione[56].

Dopo aver proclamato la volontà divina nell'isolamento del singolo, Lutero aggiungeva: "ma quando si sollevino, e si uniscano ad altri, e infurino, e prendano la spada, al cospetto di Dio sono meritevoli di condanna a morte"[57].

Quindi, per Lutero non solo il povero, già colpevole in quanto tale, era giusto che finisse in carcere, ma se si ribellava era giusto che venisse condannato a morte. Inoltre, con queste parole egli si ri-

---

[55] Cfr. MELOSSI-PAVARINI, *Carcere...* cit., pp. 51-53.
[56] A. NEGRI, *Cinque lezioni di metodo su Moltitudine e Impero*, Catanzaro, Rubbetino Editore, 2003, p. 51.
[57] LUTERO, *Scritti...* cit., p. 566.

feriva ad episodi di ribellione realmente accaduti, ossia alla rivolta dei contadini espropriati guidati da Thomas Müntzer, contro il nuovo ordine che andava costituendosi[58]. Al di là dei singoli eventi, Lutero sembrava aver lucidamente compreso che il nuovo sistema di valori poteva ben essere sovvertito dalla rivolta, dalla lotta di classe organizzata, perché solo in forma collettiva "le forze subalterne" potevano essere incisive. Infatti, come chiarisce, anche in questo caso, Toni Negri:

> La figura dell'operaio, del proletario, del lavoratore sfruttato non esiste se non in forma collettiva, non c'è mai uno sfruttato da solo, la rivolta solitaria è nietzschiana o necaeviana, qualche volta moralmente efficace, sempre politicamente perdente[59].

È pur vero, che non è particolarmente rilevante, ai fini della nostra analisi soffermarci nel rianimare il culto operaista, ovvero, immaginare l'affermazione di una politica marxista. Questa speranza ha già ampiamente acceso il dibattito italiano negli anni '60 e '70 del secolo scorso e a detta, più o meno esplicita, degli stessi "cattivi maestri" si è mostrata fallimentare[60].

---

[58] Sulla rivolta dei contadini in Germania, cfr. F. ENGELS, *La guerra dei contadini in Germania*, Roma, Edizioni Rinascita, 1949.

[59] A. NEGRI, *Goodbye Mr Socialism*, a cura di R. VALVOLA SCELSI, Milano, Feltrinelli, 2006, p. 78.

[60] Sulla efficacia della lotta di classe delle forze subalterne la letteratura è vasta, qui ci si limita a suggerire una lettura critica ad opera degli stessi protagonisti delle forze antagoniste nell'Italia degli anni '60 e '70. Cfr. M. TRONTI, *Sono uno sconfitto, non*

Non si vuole qui nemmeno liquidare *en passant* un mondo intero di teorizzazioni e di azioni[61] ma, di fatto, ha vinto un'altra visione del mondo[62]. Prevalsero allora – e ci appaiano ancora oggi caratteri endemici del capitale – il mantenimento dello *status quo* con il sostegno della forza della repressione penale statale, ossia quegli stessi strumenti di stabiliz-

---

un vinto. Abbiamo perso la guerra del '900, intervista di A. GNOLI, La Repubblica, 2014.

[61] "L'esperienza politico-intellettuale dell'operaismo italiano può essere ormai considerata un "classico" del marxismo novecentesco. Dopo l'oblio degli anni Ottanta, dopo l'attivismo e la nuova visibilità dei movimenti "globali" a cavallo del secolo, la rilettura di questa esperienza è diventata un esercizio fecondo e imprescindibile per chiunque voglia tornare a una marxiana tradizione forte di pensiero. Il lascito pratico-teorico di questa esperienza è stato "socializzato" e in buona parte "rielaborato" nelle lotte e nella lettura politica che se ne è data, fuoriuscendo dagli stretti confini italiani per contaminare altri ambiti e paesi. Da questo punto di vista la storia dell'operaismo è sostanzialmente una storia di vittorie. Non si fraintenda, la sconfitta subita sul campo del conflitto operaio nei decenni '60 e '70 è stata senza appello, l'oblio nel quale questa esperienza è stata confinata ci parla ancora di un paese che non ha fatto i conti con la propria piccola guerra civile". Cfr. M. FILIPPINI, *Mario Tronti e l'operaismo politico degli anni Sessanta*, in: "Cahiers du GRM (Groupe de Recherches Matérialistes)", n. 2, 2001, p. 1.

[62] Ci appaiono conclusioni opposte, o meglio diverse, quelle cui giunge Marcello Veneziani in un recente articolo, riproponendo quanto già sostenuto in M. VENEZIANI, *Imperdonabili. Cento ritratti di maestri sconvenienti*, Venezia, Marsilio Editori, 2017. In particolare, l'autore afferma: "La società capitalistica globale ha realizzato le principali promesse del marxismo, seppur distorcendole: nella globalizzazione ha realizzato l'internazionalismo contro le patrie; nell'uniformità e nell'omologazione standard genera uguaglianza e livellamento universale; nel dominio globale del mercato ha riconosciuto il primato mondiale dell'economia sostenuto da Marx; nell'ateismo pratico e nell'irreligione ha realizzato l'ateismo pratico marxiano e la sua critica alla religione; nel primato dei rapporti materiali, pratici e utilitaristici rispetto ai valori spirituali, morali e tradizionali ha inverato il materialismo marxiano; nella liberazione da ogni legame naturale e da ogni ordine tradizionale ha realizzato l'individualismo libertino di Marx, liberato dai vincoli famigliari e nuziali... L'ultima frontiera del proletariato si ritrova nelle porte aperte agli immigrati, dove il marxismo rivive in forme catto-umanitarie, veicolando le masse sradicate dai loro paesi d'origine per sradicare a loro volta le popolazioni d'occidente. La lotta di classe cede alla lotta antisessista, antinazionalista e antirazzista. Anche la difesa egualitaria delle masse di proletari cede alla tutela prioritaria delle minoranze, dei diversi". Cfr. M. VENEZIANI, *Marx ha vinto e abita da noi*, online a *www.marcelloveneziani.com/articoli*.

zazione borghese-capitalista che già nel '500 fecero la fortuna dei penitenziari nell'Europa continentale.

L'esempio di Amsterdam venne studiato e imitato ovunque in Europa, specialmente nelle città di lingua tedesca, dove già era notevole lo sviluppo mercantile: nelle città della Lega Anseatica case di correzione (o *Zuchthäus*) sorsero a Lubecca e Brema (1613), Amburgo (1622), Danizica (1630); ed inoltre, in Svizzera, nelle città di Berna (1614), Basilea (1616), Friburgo (1617). In questo caso, la nascita di questi istituti è da riscontrarsi in un collegamento diretto con l'esperienza olandese, in quanto medesimo era il tessuto connettivo economico e religioso (specialmente calvinista), che legava queste diverse zone. Simili erano anche i caratteri delle varie istituzioni, infatti, ospitavano, in genere, mendicanti, oziosi e vagabondi, prostitute, ladri, giovani criminali o *corrigendi*, pazzi[63].

La forza lavoro dei detenuti veniva sfruttata o direttamente dalle autorità, che dirigevano esse stesse l'istituzione, oppure affittando la manodopera a un imprenditore privato; solo occasionalmente l'intero stabilimento veniva affidato ad un appaltatore. I detenuti maschi venivano occupati principalmente nel polverizzare i legni durissimi usati dai tintori, secondo la pratica introdotta inizialmente dalla casa di Amsterdam; si trattava di un lavoro particolarmente duro, che richiedeva forza e resistenza in misura considerevole. Si lavorava a coppie, con seghe a dodici lame, e

---

[63] Cfr. MELOSSI-PAVARINI, *Carcere...* cit., pp. 54-55

il prodotto normale di una settimana per due uomini consisteva in trecento libbre di legno, per cui un giorno sì e uno no dovevano esser consegnate cento libbre. Le donne recluse, quasi sempre prostitute o mendicanti, invece venivano occupate nella filatura. Nel corso del diciottesimo secolo gli olandesi trovarono più conveniente la lavorazione della lana, che venne introdotta in parecchie case di correzione[64].

Nel Brandeburgo, dove il sistema dell'appalto era più frequente e dove interi stabilimenti venivano concessi a privati, l'aspetto economico del sistema venne chiaramente in luce. Interessante da questo punto di vista fu il contratto di Küstrin del 1750, ove era prevista una clausola che raccomandava clemenza per le trasgressioni commesse dai detenuti e ciò per la sola ragione di non ostacolare in alcun modo la prosecuzione della loro attività di filatura[65].

Il decreto con cui, nel 1687, veniva fondata la casa di correzione di Spandau definiva chiaramente come oggetto dell'istituzione quello di promuovere la produzione tessile cercando di porre rimedio alla carenza di filatoi nel paese. Sempre, quando si praticava il sistema della concessione del lavoro, come ad esempio in Olanda, l'interesse economico del concessionario finiva per significare la compressione delle condizioni di vita dei carcerati al livello minimo possibile; inoltre, allo scopo di assicurare un margine di guadagno all'istituzione, i detenuti venivano fatti la-

---

[64] Cfr. RUSCHE-KIRCHHEIMAR, *Pena...* cit., p. 48.
[65] *Ibidem.*

vorare per un periodo di tempo considerevole dopo che il loro periodo di addestramento era finito, allo scopo di rifarsi dei costi del mantenimento e dell'istruzione [66].

Si ammettevano spesso criminali provenienti da altri paesi, specialmente da quei piccoli Stati confinanti ove lo scarso numero di detenuti rendeva poco funzionale l'uso del lavoro forzato nelle prigioni; non si accettavano tuttavia gli stranieri non abili al lavoro, salvo che i loro protettori non pagassero considerevoli somme di danaro, poiché non vi era alcun obbligo giuridico di accoglierli, ed essi avrebbero costituito un peso per il bilancio dello Stato; il pagamento veniva sempre richiesto, infine, a coloro che volevano introdurre nel territorio dello Stato figli inoperosi e parenti dissipatori o per qualche altro motivo indesiderabili[67].

In genere, il fine dell'istituzione era duplice: da un lato vi era un intento puramente disciplinare e fu – come abbiamo già evidenziato – l'elemento che darà continuità all'istituzione; dall'altro la scarsità di manodopera nella prima metà del diciassettesimo secolo fece emergere la necessità di dare agli internati una preparazione professionale. Difatti, la formazione di esperti lavoratori fu, sin dall'inizio, la preoccupazione principale delle autorità, le quali si scontrarono su questo punto con la fiera opposizione delle corporazioni; queste, infatti, presero immediatamente a

---

[66] RUSCHE-KIRCHHEIMAR, *Pena...* cit., pp. 49-50.
[67] *Ibidem*.

considerare il lavoro nelle case come una rottura del loro monopolio, per cui era assai difficile ottenere da esse gli istruttori per le istituzioni, sì che lo Stato dovette spesso rivolgersi ai cosiddetti *freimeister*, cioè ad artigiani non appartenenti alle corporazioni cui venivano concessi i privilegi dei maestri.

La costruzione di nuovi edifici e, più frequentemente, il riattamento di vecchi, di solito veniva finanziato dalle autorità, salvo occasionali donazioni private, come nel caso della *Spinnhaus* per malfattori eretta ad Amburgo nel 1669. Lo statuto di questa *Spinnhaus* mostrò chiaramente la filosofia borghese del periodo dopo la Riforma, con il suo caratteristico atteggiamento nei confronti dell'assistenza tramite il lavoro. Esso affermava:

> Il signor Peter Rentzel di reverenda memoria, Dottore di diritto civile ed ecclesiastico e Consigliere di questa città, il quale ebbe esperienza di molti casi, durante il suo Ufficio, nei quali la pena inflitta ai malfattori recò scarsi frutti, rafforzando in realtà i criminali nel loro malvagio comportamento, concepì l'idea assai cristiana di erigere una *Spinnhaus* a proprie spese, dotandola d'una somma di 10000 marchi, per la più grande gloria di Dio e per la salvezza delle anime di molti malvagi cosicché costoro possano in essa essere reclusi, educati al timor d'Iddio, messi al lavoro e salvati dalla dannazione temporale ed eterna[68].

---

[68] Rusche-Kirchheimar, *Pena...* cit., p. 51.

La ragione immediata del successo dell'istituzione fu soprattutto la sua capacità di assicurare profitti che, per la casa di Amsterdam, detentrice di monopolio, venivano descritti come eccezionali. Sempre più, nel corso dello sviluppo dell'istituzione, vi furono immessi anche condannati per delitti più gravi con pene più lunghe, giungendo, in parte, alla sostituzione con il carcere degli altri tipi di punizione. Per molto tempo tuttavia non vi fu alcuna rigida classificazione e separazione tra le varie categorie umane e giuridiche internate[69].

Si può tuttavia segnare, come hanno notato Rusche e Kirkhheimer[70], una distinzione teorica, tra una casa di correzione *Zuchthaus*: una prigione per ladri o borseggiatori regolarmente condannati, e una casa di lavoro *Arbeitshaus*: un'istituzione per la reclusione di mendicanti e di altri, incappati in qualche modo nelle maglie della polizia, sino alla loro correzione; ma appunto si tratterebbe solo di differenze formali quanto invece, nella realtà, il processo di distinzione tra le due fu lento e non uniforme.

L'esperienza dell'internamento si generalizzò ben presto anche nei paesi cattolici, soprattutto in Francia. Abbiamo visto come vi fu un *hôpital* a Lione già nella metà del '500, ma fu solo nel 1656 che si fondò a Parigi l'*Hôpital général*, un'istituzione che venne estesa a tutto il regno con un editto del 1676[71]. Nel ritardo che distanzia la situazione francese e le

---

[69] MELOSSI-PAVARINI, *Carcere...* cit., p. 55.
[70] RUSCHE-KIRCHHEIMAR, *Pena...* cit., p. 100.
[71] FOUCAULT, *Storia della follia...* cit., p. 82.

zone più sviluppate di lingua tedesca risiede la differenza tra le due esperienze. Infatti, seppur il padre gesuita Dunod, nel suo indirizzo introduttivo in cui veniva raccomandata l'istituzione degli *Hôpitaux généraux*, affermava: "Essi costituiscono allo stesso tempo istituzioni religiose, seminari, manifatture", l'ospedale ebbe un più spiccato carattere di assistenza alla povertà - che a Parigi aveva assunto vertici impressionanti - che non quell'aspetto correzionale e produttivo che invece prevaleva nelle altre esperienze fin qui esaminate.

Negli *Hôpitaux généraux* francesi ci si sforzò di migliorare la produzione e di applicare nuovi metodi; i direttori dei vari *Hôpitaux* si scambiavano osservazioni sulle proprie esperienze e si incoraggiavano vicendevolmente ad adottare innovazioni tecniche e a far uso di tutto il materiale umano disponibile a questo scopo, sino al punto di proporre di far sposare tra loro detenuti addestrati in mestieri complementari al fine di trasmettere speciali conoscenze professionali. Le norme generali richiedevano di partecipare ai servizi religiosi la domenica e gli altri giorni festivi, inoltre, al fine di accrescere la produttività del lavoro, i detenuti avevano diritto a ricevere quote del ricavato, secondo quanto stabilito da un editto del 1656[72].

Che, d'altro canto, la produttività del lavoro costituisse la considerazione essenziale, diviene ancor più chiaro, se consideriamo il modo in cui i doveri religiosi venivano trascurati tutte le volte in cui met-

---

[72] Rusche-Kirchheimar, *Pena...* cit., p. 98.

tevano in pericolo l'efficienza del lavoro; se la messa coincideva con l'inizio dell'attività lavorativa, essa veniva anticipata e si ometteva il catechismo[73].

Nonostante il fatto che anche qui si insistette fortemente sull'importanza del lavoro, tuttavia dieci anni dopo la sua fondazione, l'ospedale di Parigi segnò forti perdite economiche. Al riguardo ci hanno riferito Rusche e Kirchheimar:

> Gli *Hôpitaux généraux* francesi, con la loro popolazione eterogenea e una amministrazione corrotta, cominciarono a indebitarsi durante la seconda metà del diciassettesimo secolo: nel 1657 il ricavato degli *Hôpitaux* di Parigi era di 589.536 livree a fronte di una spesa di 586.966, ma già nel 1667 le spese erano salite a 895.222 livree mentre il ricavato s'era fermato a 776.869 livree. In provincia la situazione non era molto diversa[74].

E ancora gli stessi gli autori, riguardo le differenze religiose tra le esperienze francesi e quelle olandesi o della Lega Anseatica, ossia sul ruolo che hanno giocato il cattolicesimo e il protestantesimo o il calvinismo sul carcere, hanno affermato:

> Il fatto che la vecchia e la nuova dottrina religiosa collaborarono entrambe allo sviluppo della nuova istituzione conduce a ritenere che le posizioni puramente ideologiche rappresentarono motivi secondari rispetto a quelli economici come

---

[73] RUSCHE-KIRCHHEIMAR, *Pena...* cit., p. 98.
[74] *Ivi*, p. 105.

forze trainanti di tutto questo mutamento[75].

Ma la tesi che la differenza religiosa influenzò in egual misura la diffusione dell'istituzione, non ha convinto pienamente Melossi e Pavarini, i quali hanno ritrovato proprio negli stessi dati forniti dagli autori francofortesi una sostanziale differenza economica tra le citate esperienze. Ed hanno affermato: "è sulla base di questa che, sia l'esperienza della casa di lavoro, sia, soprattutto la nuova visione della vita propria del capitalismo stentano ad affermarsi" in Francia, come negli altri paesi cattolici[76].

A promuovere l'istituzione degli ospedali in tutta la Francia fu l'azione dei padri gesuiti, in particolare, del già citato Dunod, di Chauraud e di Guevarre. Proprio quest'ultimo, in un libretto del 1639, giustificò l'internamento dei poveri con la motivazione che i poveri "buoni" gradivano l'internamento perché lì venivano assistiti e avevano la possibilità di lavorare, quelli "cattivi" venivano giustamente privati della libertà e puniti con il lavoro[77]. Ritornò anche in questo caso la povertà come delitto e l'internamento come apprendimento di una disciplina vista come punizione. Come ha osservato Foucault:

> L'internamento viene così giustificato doppiamente, in un indissociabile equivoco, a titolo di beneficio e a titolo di punizione. È insieme ricompensa e casti-

---

[75] RUSCHE-KIRCHHEIMAR, *Pena...* cit., p. 110.
[76] MELOSSI-PAVARINI, *Carcere...* cit., p. 56.
[77] *Ibidem.*

go, secondo il valore morale di coloro cui lo si impone.

Fino a questo termine dell'età classica l'usanza dell'internamento sarà prigioniera di quest'equivoco; essa avrà la strana reversibilità che la fa mutare di significato secondo il merito di colui al quale si applica[78].

In questo periodo, tra il diciassettesimo e il diciottesimo secolo, una notevole sensibilità pervase il mondo cattolico rispetto ai problemi del concreto scopo della pena. In uno scritto di fine '600, il padre benedettino francese Dom Jean Mabillon, formulò una serie di considerazioni che anticiparono di parecchi decenni alcune idee illuministe sulla questione penale. La proporzionalità della pena al reato commesso e alla forza fisica e spirituale del reo, il problema della reintegrazione nella comunità, trovarono proprio in Mabillon uno dei primi sostenitori[79].

---

[78] FOUCAULT, *Storia della follia...* cit., pp. 98-99.
[79] RUSCHE-KIRCHHEIMAR, *Pena...* cit., p. 134.

Capitolo quarto

Dall'esecuzione pubblica alla segregazione: il carcere diventa pena

Tra la fine del diciottesimo e l'inizio del diciannovesimo secolo, "la festa punitiva dei supplizi si va spegnendo"[80]. La violazione della "nuova" legge penale si trasformò, secondo gli obiettivi dei pensatori illuministi, in una "cerimonia di lutto"[81]celebrata dalla società per la perdita del reo. Chiariva Foucault,

> Lutto il cui senso deve essere chiaro per tutti; ogni elemento del suo rituale deve parlare, descrivere il crimine, ricordare la legge, mostrare la necessità della punizione, giustificarne la misura. Manifesti, scritte, simboli, devono essere moltiplicati, perché ciascuno possa apprendere le significazioni. La pubblicità della punizione non deve diffondere un effetto fisico di terrore; deve aprire un libro di lettura[82].

Per quanto riguarda la scelta delle modalità punitive, quindi, si assistette ad una preferenza nei confronti della privazione della libertà rispetto alle, tanto diffuse, pene corporali; questi tipi di pena ten-

---

[80] Sono parole di FOUCAULT, *Sorvegliare...* cit., p. 10.
[81] *Ivi*, p. 121.
[82] *Ibidem*.

devano sempre più a scomparire e la pena di morte veniva comminata sempre meno e solo per i reati più gravi come l'omicidio volontario. Se prima i luoghi deputati all'esecuzione della pena (corporale) erano le piazze e il tutto avveniva inscenando uno spettacolo nel quale protagonista era la sofferenza del condannato, ora il luogo deputato all'esecuzione della pena è il carcere segregativo, inaccessibile e invisibile a chi è al di fuori.

Con le pene corporali il condannato aveva un ruolo nella vita sociale, seppur ingrato, e cioè quello di *exemplum*: era la dimostrazione di forza del sovrano che, davanti a tutti, ristabiliva il "suo" ordine violato, pubblicamente e in un modo tanto crudele quanto spettacolare. Con la pena segregativa scompariva questo rituale pubblico, venivano costruiti edifici appositamente per contenere i criminali che venivano collocati fuori dalla vita pubblica e riuniti (o separati, secondo l'organizzazione del penitenziario) nelle carceri.

> Nel diritto monarchico, la punizione è un cerimoniale di sovranità; utilizza i marchi rituali della vendetta che applica sul corpo del condannato e ostenta agli occhi degli spettatori un effetto di terrore tanto più intenso quanto più discontinuo, irregolare e sempre al di sopra delle sue proprie leggi, è la presenza fisica del sovrano e del suo potere. Nel progetto dei giuristi riformatori, la punizione è una procedura per riqualificare gli individui come soggetti di diritto; essa utilizza non dei marchi, ma dei segni, degli insiemi

codificati di rappresentazioni, e di questi, la scena del castigo deve assicurare la circolazione più rapida e l'accettazione più universale possibile. Infine, nel progetto di istituzione carceraria che viene elaborato, la punizione è una tecnica di coercizione degli individui; essa pone in opera dei processi di addestramento del corpo - non dei segni - con le tracce che questo lascia, sotto forma di abitudini, nel comportamento; essa suppone la messa in opera di un potere specifico di gestione della pena[83].

Nel passaggio dalla pena corporale a quella detentiva, Foucault individuava un "bersaglio" diverso al quale la risposta penale si rivolgeva: se infatti la pena medievale aveva come oggetto il corpo del detenuto, il carcere mira a colpirne l'anima. La pena si trasformò, dunque, da vendetta che era, divenne un mezzo per trasformare il criminale che ha commesso il reato.

Con il carcere la pena iniziò ad interessarsi alla conoscenza del criminale, al suo studio, come se fosse una nuova razza ancora poco conosciuta. Nel discorso penale fecero il loro ingresso questioni che prima risultavano assolutamente prive di interesse, come il carattere del reo, il suo ambiente familiare, la sua storia e la sua provenienza. Si cercò di individuare, attraverso questo studio, le matrici del crimine per poi debellarle e, per fare questo, il processo penale si arricchì di importanti collaboratori quali psichiatri,

---

[83] FOUCAULT, *Sorvegliare...* cit., p. 138.

criminologi e assistenti sociali, al fine di analizzare psicologicamente e socialmente il deviante e predisporre un programma correzionale personalizzato[84]. Con il carcere, secondo il filosofo francese, si passò dalla punizione del criminale alla sua correzione.

La pena deve essere considerata, quindi, come una "tattica politica" all'interno di un più ampio meccanismo di rapporti di potere; inoltre deve essere considerata non solo per il suo aspetto repressivo, ma anche per quello rieducativo: aspetto, quest'ultimo, che lega la sanzione penale alle modalità di conoscenza e allo sviluppo delle così dette "scienze umane". Il carcere sancì la preferenza da parte del potere di agire sulla dimensione soggettiva - l'anima, come la chiama Foucault - del reo rispetto all'azione sul corpo che aveva caratterizzato la pena nel periodo precedente.

Quello che chiaramente emerge è che, se si contestualizza storicamente la nostra analisi, a seguito dell'influsso del pensiero illuminista e della Rivoluzione Francese, l'ottica dell'azione politica-punitiva cambiò. Entrò nel dibattito politico e di conseguenza nella scienza penalistica una domanda che prima l'azione punitiva non si poneva: perché punire?

Foucault sosteneva che il carcere è il prodotto di un cambiamento che si realizza a livello generale e che riguarda le modalità di esercitare il potere delle istituzioni, siano esse politiche, economiche o penali,

---

[84] Cfr. GARLAND, *Pena e società moderna...* cit., p.179.

sui singoli soggetti. Questo potere di controllo può essere esercitato, indicativamente, in due modi differenti: il primo agisce sui corpi, assoggettandoli e sottomettendoli all'addestramento in modo che essi si "pieghino" rendendoli così docili, obbedienti e utili; il secondo agisce in modo che i singoli soggetti interiorizzino i comandi cosicché questi si adeguino ai dettami imposti, senza che si debba impiegare la forza, producendo, nel soggetto criminale, una sorta di autocontrollo che lo freni dal commettere nuovamente atti criminali.

La società è attraversata da un *"continuum carcerario"* che parte dalla famiglia, passando per la scuola e per la fabbrica, giungendo fino al carcere, tutte strutture queste che si propongono di sorvegliare e correggere dalle minime infrazioni di convenzioni sociali, ai reati più gravi.

La nuova pena, dunque, per le sue caratteristiche e per i suoi obiettivi risultò essere in perfetta linea con i mutamenti che investirono l'intera società, facendo assurgere il carattere disciplinare a punto fermo della vita sociale.

Quindi, se da un lato le radici del sistema carcerario, come abbiamo visto, affondano nell'epoca del mercantilismo, dall'altro la promozione e l'elaborazione teorica di esso furono i compiti assolti dall'illuminismo e cominciarono a rientrare nella prospettiva della scienza penalistica.

Ancora nel corso del diciottesimo secolo, le case di correzione ospitavano, senza alcuna distinzione, condannati, vagabondi, orfani, anziani, pazzi.

Quasi nessuna discriminazione veniva posta in essere nel rinchiudere la gente e ogniqualvolta veniva introdotta la pena del carcere, chi deteneva il potere la usava allo scopo di allontanare gli indesiderabili. Spesso non esisteva alcuna procedura definita, cosicché prigioni e galere erano piene di diseredati i quali riuscivano a scoprire di quale reato erano accusati solo dopo esser stati imprigionati e spesso solo dal tipo di pena che era loro inflitta[85].

La confusione circa la natura e gli scopi del carcere rese possibile imprigionare tutti coloro che in qualche modo venivano ritenuti indesiderabili dai vicini o dai superiori. Divenne talmente difficile distinguere la giustizia dal capriccio individuale che l'amministrazione penale finì per perdere ogni prestigio agli occhi del popolo. Non vi era alcun criterio definito per fissare la durata della pena, perché non vi era un concetto adeguato del rapporto necessario tra il delitto e la pena, cosicché essa era talvolta assurdamente breve e molto più spesso assurdamente lunga, sempre che venisse in qualche modo indicata[86].

Contemporaneamente, quindi, al movimento contro l'inutilità e la crudeltà delle pene, che portò a fare del carcere la pena "normale" per i reati di qualsiasi specie, sorse un'altra tendenza, diretta contro l'incertezza della pena e l'arbitrio delle corti penali. La richiesta dell'abolizione di queste arretrate condizioni, sostenuta dai riformatori, *in primis*, Monte-

---

[85] Cfr. RUSCHE-KIRCHHEIMAR, *Pena...* cit., p. 137.
[86] *Ibidem*.

squieu, trovò la sua più classica formulazione nel saggio di Beccaria "Dei delitti e delle pene"[87], con il quale il completamento della riforma, sino allora frammentaria, del sistema punitivo, divenne improvvisamente tema fondamentale del dibattito politico dell'epoca[88].

Mentre la questione della natura della pena concerneva innanzitutto le classi inferiori, il problema di una definizione più precisa del diritto sostanziale e di strumenti di procedura penale più avanzati venne posto al centro del dibattito da parte delle forze borghesi, che ricercavano garanzie giuridiche a presidio della loro stessa sicurezza.

La formalizzazione sia del diritto sostanziale che di quello procedurale costituì uno degli obiettivi fondamentali di Beccaria e di Montesquieu. Beccaria criticò fortemente qualsiasi attività arbitraria dei giudici, che in quel periodo si combinava con il desiderio borghese di sicurezza nell'identificare la giustizia con la possibilità del calcolo matematico. Al riguardo, scriveva Beccaria: "Se la geometria fosse adattabile alle infinite ed oscure combinazioni delle azioni umane, vi dovrebbe essere una scala corrispondente di pene"[89].

La tesi di Montesquieu, per cui bisognava mettere fine ad ogni trattamento arbitrario una volta che la pena fosse determinata sulla base della natura

---

[87] C. BECCARIA, *Dei delitti e delle pene*, a cura di F. VENTURI, Torino, Einaudi, 2003.

[88] Cfr. RUSCHE-KIRCHHEIMAR, *Pena...* cit., p. 138.

[89] BECCARIA, *Dei delitti...* cit., p. 16.

del particolare reato, venne raccolta da tutti coloro che, all'epoca, trattavano la questione criminale. Ma possiamo ben dire che la realtà applicativa non fu così lineare. Innanzitutto, vi erano da scegliere la pena da far scontare all'interno di una quantità di possibili alternative e ancora, i risultati della pena non erano meccanici ma variavano con la sensibilità e lo stato sociale dell'individuo coinvolto. Difatti, più cauto della maggior parte dei suoi contemporanei, Beccaria si accorse di ciò ma continuò a sostenere che la pena era conseguenza automatica del reato, trovandosi in tal modo ad adottare il dogma liberale della natura puramente formale dell'eguaglianza[90].

Cominciò anche ad affermarsi quello che diverrà un cardine della dottrina penalistica continentale, ossia, il concetto di proporzionalità. Sia Beccaria sia Voltaire ripresero la distinzione tra il furto semplice e il furto unito a violenza come prova della necessità di variare le pene in accordo con i fatti. Collegato a ciò, altro compito fondamentale che venne posto in luce fu quello di riconsiderare i metodi punitivi, a causa della allora prevalente severità delle pene e, in particolare, dell'uso indiscriminato della pena capitale. Ci sembra utile riportare il brano in cui Beccaria sottolineava la distinzione tra furto e furto unito a violenza; egli scriveva:

> I furti che non hanno unito violenza dovrebbero esser puniti con pena pecuniaria. Chi cerca d'arricchirsi dell'al-

---

[90] BECCARIA, *Dei delitti...* cit., pp. 50-51.

trui, dovrebbe esser impoverito del proprio. Ma come questo non è per l'ordinario che il delitto della miseria e della disperazione, il delitto di quella infelice parte di uomini a cui il diritto di proprietà (terribile, e forse non necessario diritto) non ha lasciato che una nuda esistenza, ma come le pene pecuniarie accrescono il numero dei rei al di sopra di quello de' delitti e che tolgono il pane agl'innocenti per toglierlo agli scellerati, la pena più opportuna sarà quell'unica sorta di schiavitù per un tempo delle opere e della persona alla comune società, per risarcirla colla propria e perfetta dipendenza dell'ingiusto dispotismo usurpato sul patto sociale[91].

Il brano ci appare rilevante innanzitutto perché richiedeva l'uso della pena pecuniaria nell'interesse della stessa proprietà, ma, poiché il pagamento non era possibile alle classi inferiori, la pena detentiva veniva raccomandata come sostitutivo: la privazione della libertà venne così considerata come naturale risultato dell'offesa alla proprietà, cioè, in altre parole, venne attribuito lo stesso valore alla proprietà e alla libertà personale.

A ben vedere, Beccaria e Voltaire erano consapevoli anche dell'esistenza di ragioni più pratiche, o meglio motivazioni di carattere preventivo e politico, per l'uso del carcere come pena, infatti, comprendevano come le esecuzioni pubbliche, provocassero disordini pericolosi. Al riguardo proseguiva lo stesso

---

[91] BECCARIA, *Dei delitti...* cit., p. 52.

Beccaria, immedesimandosi nel "cittadino comune" e preannunciando già quali critiche avrebbe potuto muovere un ipotetico "uomo del popolo":

> Quali sono queste leggi ch'io debbo rispettare, che lasciano un così grande intervallo tra me e il ricco?... Chi ha fatte queste eggi? Uomini ricchi e potenti, che non si sono mai degnati visitare le squallide capanne del povero.... Rompiamo questi legami fatali alla maggior parte ed utili ad alcuni pochi ed indolenti tiranni[92].

Si trattava di un argomento contro l'uso tradizionale della pena di morte basato sul timore esplicito che essa non serviva allo scopo desiderato di difendere i rapporti di proprietà esistenti, ma incoraggiava al contrario l'attacco contro i ceti proprietari.

Il favore di Beccaria per le "pene moderate e continue" poggiava sul motivo della loro maggiore utilità a fini di prevenzione[93]: la gente sapeva che nella gabbia di ferro "il disperato non finisce i suoi mali, ma gli comincia"[94]. Per prevenire i reati, la perdita perpetua della libertà funzionava dunque più della "morte legale"[95].

---

[92] BECCARIA, *Dei delitti...* cit., p. 66.

[93] Cfr. F. TREGGIARI, *Il male necessario. Pena di morte, carcere e altri supplizi a 250 anni da Beccaria*, in: "Rivista Internazionale di Filosofia del Diritto", Serie V, 2014, pp. 656-657.

[94] BECCARIA, *Dei delitti...* cit., p. 64.

[95] "Morte legale" è espressione che si ritrova in un'unica occorrenza in tutto il libro. *Ivi*, p. 67: "Non è utile la pena di morte per l'esempio di atrocità che dà agli uomini [...], tanto più funesto quanto la morte legale è data con istudio e con formalità".

Ci sembra chiaro che l'auspicata attenuazione della severità delle pene e le relative ragioni di prevenzione, furono nella pratica una difesa del capitale: prevenire dalla rivoluzione sociale. Ancora una volta, dunque, nel proseguire della nostra analisi ci imbattiamo nei rapporti di forza del capitale.

Il carcere, anche quando si manifestava come la giusta scelta umanitaria del riformatore, ovvero, come strumento efficace di prevenzione alla commissione dei delitti, nella realtà manteneva quegli elementi reazionari che, in linea con la difesa di quel processo di "accumulazione originaria" di cui parlava Marx[96], attraversava sia i secoli bui del post feudalesimo che quelli "illuminati" di Beccaria e dei riformatori dell'Illuminismo.

---

[96] MARX, *Il Capitale...* cit., I, 3, pp. 172-173.

Capitolo quinto

Dallo stato sociale allo stato penale: verso il "potere disciplinare"

In Inghilterra tra il diciassettesimo secolo e diciottesimo restò ancora attuale il problema della scarsità di forza-lavoro, pur se non nelle stesse proporzioni dei primi anni del Seicento, in quanto, nel frattempo, riprese l'incremento demografico e perché continuò il processo di espulsione e espropriazione dei contadini. In questo periodo fu ancora notevole l'insistenza con la quale venne chiesto l'uso del lavoro forzato, anche se, come ha scritto Marx, le resistenze al modo di produzione capitalistica del costituente proletariato iniziarono a venire meno. Scriveva Marx:

> Man mano che la produzione capitalistica procede, si sviluppa una classe operaia che per educazione, tradizione, abitudine, riconosce come leggi naturali ovvie le esigenze di quel modo di produzione. L'organizzazione del processo di produzione capitalistico sviluppato spezza ogni resistenza; la costante produzione di una sovrapopolazione relativa tiene la legge dell'offerta e della domanda di lavoro, e quindi il salario lavorativo, entro un binario che corrisponde ai bisogni di valorizzazione del capitale; la silenziosa

coazione dei rapporti economici appone il sugello al dominio del capitalista sull'operaio. Si continua, è vero, sempre ad usare la forza extraeconomica, immediata, ma solo per eccezione. Per il corso ordinario delle cose l'operaio può rimanere affidato alle "leggi naturali della produzione", cioè alla sua dipendenza dal capitale, che nasce dalle stesse condizioni della produzione, e che viene garantita e perpetuata da esse[97].

Non sorprende, dunque, che la grande accusata del periodo fosse la legge sui poveri di Elisabetta: critiche e attacchi continui vennero portati allo "stato sociale" elisabettiano. *L'Old Poor Law*[98] – ossia l'insieme delle misure di *welfare state* emanate tra il 1572 e il 1601 – aveva trasformato, così come abbiamo visto nel resto d'Europa, il sistema di carità privata in sistema pubblico, con conseguente obbligo alle comunità locali di fornire lavoro ai poveri[99]. Tuttavia il lato assistenziale prevaleva, nella pratica, su quello lavorativo e ciò incoraggiava le critiche di quanti e tanti sostenevano che questa legge favorisse la riduzione della forza-lavoro disponibile e quindi l'aumento dei salari.

Questa vergogna delle alte paghe degli artigiani è causata dal fatto dell'ozio di un così gran numero di persone in Inghilterra appartenenti a tale condizione sociale: cosicché quelli industriosi e

---

[97] MARX, *Il Capitale...* cit., p. 196.
[98] D'ora in poi *OPL*.
[99] MELOSSI-PAVARINI, *Carcere...* cit., p. 60.

> che hanno voglia di lavorare si fanno dare
> come paga quello che più gli piace: ma
> mettete i poveri al lavoro così questi uo-
> mini saranno costretti ad abbassare le loro
> tariffe...[100].

Le critiche spingevano tutte verso un maggiore e più diffuso utilizzo delle *workhouses*, infatti, già con il *General Act* del 1722, si permise ad un gruppo di parrocchie di costruire case di lavoro che accogliessero tutti coloro i quali chiedevano forme di assistenza pubblica. È pur vero che le disposizioni della *OPL* non erano sufficienti a coprire le effettive esigenze di lavoro ed inoltre il numero di *workhouses* costruite era assai inferiore rispetto a quelle previsti, perciò capitava spesso che venisse ancora inflitta la pena della frusta a chi era condannato come ozioso o vagabondo[101].

Da quanto detto, risulta particolarmente complesso distinguere lo sviluppo della casa di correzione dalla *workhouse* per poveri. Anche nelle previsioni della *OPL* non vi era questa distinzione, infatti, i disoccupati, vagabondi, ladri ecc. venivano assegnati tutti alla casa di correzione da costruire in ogni parrocchia. Ma come è stato poc'anzi detto, nella realtà, queste previsioni non furono rispettate se si arrivò a punire ancora i vagabondi con la frusta, anziché con l'internamento. Tuttavia la pratica della casa di correzione fece sì che sempre più comunemente la puni-

---

[100] Cit. in T. E. GREGORY, *The Economics of Empolyment in England, 1660-1713*, in: "Economica", n. 1, 1921, p. 44.
[101] Cfr. MELOSSI-PAVARINI, *Carcere...* cit., p. 60.

zione predisposta fosse di tipo detentivo e questa sostituì sempre più la vecchia *gaol*, la prigione di custodia. Anche se formalmente fu solo il *Prison Act* del 1865 a eliminare ogni differenza tra *gaol* e case di correzione[102].

Negli anni '30 dell'800 alla tradizionale e ricorrente critica che le forma di assistenza pubblica incoraggiassero l'ozio, il rifiuto del lavoro e tenessero così alti i salari, si sovrappose la visione malthusiana della popolazione – aspetto estremo del liberismo economico –: lo stato sociale permetteva la sopravvivenza e la riproduzione di una popolazione in sovrannumero, inutile e anzi dannosa per lo sviluppo economico. Questa fu sostanzialmente la visione del problema che ebbe la commissione d'inchiesta del 1832-34, dai lavori della quale uscì la nuova *Poor Law*[103].

La soluzione elaborata fu la *deterrent workhouse*, la casa di lavoro terroristica, ovvero, la piena affermazione dello "stato penale" e la sostituzione di qualsiasi forma di "stato sociale" al di fuori delle case di lavoro con l'internamento e il lavoro obbligatorio in esse. Le condizioni di vita e di lavoro nella casa erano tali che nessuno, se non spinto da necessità estrema, avrebbe voluto di farsi internare in esse e quindi avrebbe accettato qualsiasi lavoro, a qualsiasi condizione[104]. Si volle avere, quindi, un controllo del

---

[102] MELOSSI-PAVARINI, *Carcere...* cit., p. 60.
[103] F. ENGELS, *La situazione della classe operaia in Inghilterra*, Roma, Editori Riuniti, 1972, p. 310.
[104] Cfr. PIVEN-CLOWARD, *Regulating...* cit., pp. 33-34.

proletariato assoluto anche perché si era reduci in Europa dall'esperienza della rivoluzione francese e delle prime lotte operaie inglesi, si vedeva, in sostanza "il povero come un potenziale giacobino pronto ad attentare alla proprietà del suo più ricco vicino"[105]. Nell'Inghilterra del 1834, dunque, la povertà era un delitto.

I principali caratteri riscontrati nella nuova *Poor Law* del 1834, furono anche propri dell'evoluzione carceraria in questo periodo. Infatti, già dalla seconda metà del '700, la rivoluzione industriale sconvolse i tradizionali equilibri sociali precedenti: l'aumento dell'indice demografico, insieme all'introduzione delle macchine condussero ad una crescita smisurata dell'urbanesimo, del pauperismo, della criminalità. Si vedeva lo spettro della rivoluzione francese dietro al grido "pane o sangue" che percorreva l'industrializzata Inghilterra del 1810[106]. Uno dei motivi conduttori dell'attacco reazionario alla rivoluzione francese fu l'atteggiamento filantropico nei riguardi dei problemi della criminalità e del carcere che era stato proprio del movimento illuminista, non solo nell'impostazione garantista ma anche dal punto di vista della riforma carceraria, atteggiamento che in Inghilterra era stato rappresentato essenzialmente dal lavoro di J. Howard[107]. Tuttavia, come vedremo, tale reazione non portò ad un ritorno a forme punitive pre

---

[105] MELOSSI-PAVARINI, *Carcere...* cit., p. 64.
[106] Cfr. RUSCHE-KIRCHHEIMAR, *Pena...* cit., pp. 168-169.
[107] Cfr. MELOSSI-PAVARINI, *Carcere...* cit., p. 68.

carcerarie, ma piuttosto ad un irrigidimento e ad un aumentata punitività del carcere stesso.

Il "modello inglese" aggiunse al principio del lavoro, quale condizione necessaria per la correzione del condannato, il principio dell'isolamento[108]. Nel diciottesimo secolo le prigioni britanniche versavano in condizioni deplorevoli: i detenuti, come è stato sottolineato, "erano depredati con esazioni, imbrogliati sui viveri, caricati di catene, esposti alle malattie e passibili di detenzione anche dopo essere stati prosciolti o avere scontato la pena[109]". Il filantropo inglese John Howard, sceriffo della contea del *Bedfordshire*, nella sua opera *The State of the Prisons in England and Wales*, pubblicata nel 1777, oltre a denunciare la realtà carceraria britannica dell'epoca, ne proponeva una riforma concreta attraverso progetti dettagliati in cui delimitava la propria concezione di penitenziario, maturata anche a seguito dei suoi viaggi presso le principali istituzioni carcerarie europee[110].

Le idee di Howard furono recepite nel *Penitenziary Act* del 1779 (alla cui stesura egli stesso partecipò): una legge di riforma del sistema sanzionatorio, con cui si introduceva la detenzione specificamente finalizzata alla "trasformazione dell'anima e

---

[108] FOUCAULT, *Sorvegliare...* cit., p. 134.

[109] Cfr. M. IGNATIEFF, *A just measure of pain: the penitentiary in the industrial revolution, 1750-1850* (*Le origini del penitenziario: sistema carcerario e rivoluzione industriale inglese, 1750-1850*) trad. it. di G. P. GARAVAGLIA, Milano, Mondadori, 1982, p. 58.

[110] In particolare, la casa di forza di *Gand*, il *Rasphuis* di Amsterdam e il "San Michele" di Roma. *Ivi*, pp. 58-59.

della condotta"[111]. La versione definitiva della norma autorizzava, tra l'altro, la costruzione di due penitenziari nell'area di Londra, uno maschile e uno femminile, in cui si sarebbe stata sperimentata la pena dell'isolamento e quella dei lavori forzati: durante la notte i prigionieri dovevano essere rinchiusi in celle individuali, mentre il lavoro giornaliero andava svolto in comune[112]. Sir William Blackstone, redattore della norma[113], precisò come "nel delineare il progetto di questi penitenziari si pensò soprattutto a sobrietà, pulizia e assistenza medica, lavoro regolare, isolamento negli intervalli del lavoro e qualche forma di istruzione religiosa per conservare e migliorare la salute morale degli sventurati criminali, per abituarli all'operosità, a guardarsi da compagnie pericolose, per abituarli a riflessioni serie e per insegnare loro sia i principi sia la pratica di ogni dovere cristiano e morale[114]".

In realtà il *Penitentiary Act* non trovò mai completa applicazione, anche se venne utilizzato come esempio di disciplina carceraria per gli istituti che si andavano successivamente riedificando o ampliando; tra di essi il più noto fu il penitenziario di *Gloucester* (1792) il quale rappresentò, al contempo, il simbolo dell'ideale carcerario dell'epoca, ma anche il più significativo esempio delle difficoltà pratiche che si incontrarono per dare attuazione a tale modello[115].

---

[111] FOUCAULT, *Sorvegliare...* cit., p. 138.

[112] IGNATIEFF, *Le origini...* cit., pp. 103-104.

[113] Insieme a John Howard e William Eden.

[114] IGNATIEFF, *Le origini...* cit., p. 104, riporta le parole di W. Blackstone, contenute nella sua opera *"Commentaries on the Laws of England"* del 1769.

[115] *Ivi,* p. 106.

Lo scopo della correzione individuale non fu finalizzato – come avevano immaginato i Riformatori illuministi – alla riqualificazione dell'individuo come soggetto di diritto, ma divenne un procedimento disciplinare per dominarlo, per rendere il soggetto obbediente, attraverso il suo assoggettamento a determinate abitudini, regole ed ordini[116].

Accanto al penitenziario di *Gloucester*, altro emblema degli esperimenti disciplinari inglesi dell'epoca, fu il progetto edilizio proposto da Jeremy Bentham nel 1787, poi ripresentato in una nuova versione nel 1791. Il "modello panottico" di Bentham, già ideato da suo fratello Samuel in Russia, pur avendo destato un forte interesse teorico, non fu mai integralmente realizzato ma soltanto ripreso in alcune strutture carcerarie.

Il *Panopticon* – definito da Foucault "un luogo privilegiato, per rendere possibile la sperimentazione sugli uomini e per analizzare con tutta certezza le trasformazioni che si possono operare su di loro"[117] – consisteva, in una struttura a pianta circolare con le celle disposte lungo la circonferenza interna realizzate in maniera tale da evitare qualsiasi contatto tra i prigionieri.

Le celle erano dotate di una finestra che apriva sull'esterno e di una grata di ferro verso l'interno dell'edificio. La struttura prevedeva, altresì, nella parte centrale, una torre cilindrica che ospitava

---

[116] Cfr. FOUCAULT, *Sorvegliare...* cit., p. 140.
[117] *Ivi*, p. 222.

l'ispettore, attraverso la quale poteva esercitarsi una facile e costante sorveglianza sui detenuti – intimoriti dal solo pensiero di essere controllati – al fine di correggerne il comportamento.

Lo schema edilizio che consentiva di abolire qualsiasi vincolo fisico sui prigionieri, senza un impiego eccessivo di vigilanti, poteva essere utilizzato non soltanto per la costruzione di un penitenziario ma anche per qualsiasi altro edificio in cui dovesse essere controllato un certo numero di persone (case di correzione o di lavoro, fabbriche, manicomi, ospedali o scuole), quindi per qualunque modello segregativo in cui dovesse essere esercitato - utilizzando un'espressione di Foucault - un "potere disciplinare"[118].

---

[118] Cfr. J. BENTHAM, *The works of Jeremy Bentham* (*Panopticon, ovvero la casa di ispezione*), a cura di M. FOUCAULT e M. PERROT, trad. it di V. FORTUNATI, Venezia, Marsilio, 1983, p. 36.

Bibliografia

BALBO L., *Riparliamo del welfare state: la società assistenziale, la società dei servizi, la società della crisi*, in: "Inchiesta", n. 46-47, 1980.

BECCARIA C., *Dei delitti e delle pene*, a cura di F. VENTURI, Torino, Einaudi, 2003.

BENTHAM J., *The works of Jeremy Bentham* (*Panopticon, ovvero la casa di ispezione*), a cura di M. FOUCAULT e M. PERROT, trad. it di V. FORTUNATI, Venezia, Marsilio, 1983.

CARLUCCIO C., *Regime penitenziario ex art. 41 bis ord. penit. e salvaguardia dei diritti dell'uomo*, on-line a: https://tesi.luiss.it/18720.

DAGA L., voce *Sistemi penitenziari* (*dir. proc. pen.*), in *Enc. dir.*, vol. XLII, Milano, Giuffrè, 1990.

DOBB M., *Problemi di storia del capitalismo*, Roma, Editori Riuniti, 1972.

ENGELS F., *La guerra dei contadini in Germania*, Roma, Edizioni Rinascita, 1949.

ENGELS F., *La situazione della classe operaia in Inghilterra*, Roma, Editori Riuniti, 1972.

FILIPPINI M., *Mario Tronti e l'operaismo politico degli anni Sessanta*, in: "Cahiers du GRM (Groupe de Recherches Matérialistes)", n. 2, 2001.

FOUCAULT M., *Storia della follia*, Milano, Rizzoli, 1963.

FOUCAULT M., *Surveiller et punir. Naissance de la prison* (*Sorvegliare e punire. Nascita della prigione*), trad. it. di A. TARCHETTI, Torino, Einaudi, 1976.

GARLAND D., *Pena e società moderna*, Milano, Il Saggiatore, 1999.

GRAMSCI A., *Quaderni dal carcere*, Torino, Einaudi, 1977.

GREGORY T. E., *The Economics of Empolyment in England, 1660-1713*, in "Economica", n. 1, 1921.

IGNATIEFF M., *A just measure of pain: the penitentiary in the industrial revolution, 1750-1850* (*Le origini del penitenziario: sistema carcerario e rivoluzione industriale inglese, 1750-1850*) trad. it. di G. P. GARAVAGLIA, Milano, Mondadori, 1982.

LUTERO M., *Scritti politici*, Torino, UTET, 1949.

MARCUSE H., *L'autorità e la famiglia*, Torino, Einaudi, 1970.

MARX K., *Critica della filosofia del diritto di Hegel. Introduzione*, in *Scritti politici giovanili*, Torino, Einaudi, 1950.

MARX K., *Il Capitale*, Roma, Editori Riuniti, 1970.

MELOSSI D. - PAVARINI M., *Carcere e fabbrica: alle origini del sistema penitenziario (XVI-XIX secolo)*, Bologna, il Mulino, 1982.

MELOSSI D., *Criminologia e marxismo: alle origini della questione penale nella società de 'Il Capitale'*, in: "La Questione criminale", n. 2, 1975.

MORICHINI C. L., *Degl'istituti di pubblica carità ed istruzione primaria e delle prigioni in Roma*, vol. II, Roma, Tipografia Marini e Compagno, 1842.

MORO T., *L'Utopia o la migliore forma di Repubblica*, Bari, Laterza Ed., 1971.

NEGRI A., *Cinque lezioni di metodo su Moltitudine e Impero*, Catanzaro, Rubbetino Editore, 2003.

NEGRI A., *Goodbye Mr Socialism*, a cura di R. VALVOLA SCELSI, Milano, Feltrinelli, 2006.

PIVEN F. F. - CLOWARD R. A., *Regulating the Poor*, London, Tavistock, 1972.

PORTOGHESI P., *Roma barocca: Consumo di un linguaggio*, vol. II, Roma-Bari, Editori Laterza, 1973.

RUSCHE G. - KIRCHHEIMAR O., *Punishment and Social Structure* (*Pena e struttura sociale*), trad. it. di D. MELOSSI-M. PAVARINI, Bologna, Il Mulino, 1978.

SELLIN T., *Pioneering in Penology*, Philadelphia, University of Pennsylvania Press, 1944.

TREGGIARI F., *Il male necessario. Pena di morte, carcere e altri supplizi a 250 anni da Beccaria*, in: "Rivista Internazionale di Filosofia del Diritto", Serie V, 2014.

TRONTI M., *Sono uno sconfitto, non un vinto. Abbiamo perso la guerra del '900*, intervista di A. GNOLI, La Repubblica, 2014.

VENEZIANI M., *Imperdonabili. Cento ritratti di maestri sconvenienti*, Venezia, Marsilio Editori, 2017.

VENEZIANI M., *Marx ha vinto e abita da noi*, online a *www.marcelloveneziani.com/articoli*.

WEBER M., *L'etica protestante e lo spirito del capitalismo*, Milano, BUR Biblioteca Univ. Rizzoli, 1991.

Per contatti:

dott.biondifrancesco@gmail.com

Youcanprint
Finito di stampare nel mese di ottobre 2019

9 788883 164559 1